Impressum
Verlag: BABADADA GmbH, Nedderfeld 112 , 22529 Hamburg
Geschäftsführer / Verlagsleitung: Harald Hof
Druck: Books on Demand GmbH, In de Tarpen 42, 22848 Norderstedt

Imprint
Publisher: BABADADA GmbH, Nedderfeld 112 , 22529 Hamburg, Germany
Managing Director / Publishing direction: Harald Hof
Print: Books on Demand GmbH, In de Tarpen 42, 22848 Norderstedt, Germany

School
Schule

Klassenstuuv
Klassenzimmer

delen
dividieren

$186/2$

Tafel
Tafel

Schoolhoff
Schulhof

Schoolmeester
Lehrer

Papeer
Papier

schrieven
schreiben

Sticken
Stift

Schrievdisch
Schreibtisch

Lienholt
Lineal

Book
Buch

Schöler
Schüler

Ranzel

Ranzen

Feddermapp

Federmappe

Bleesticken

Bleistift

Scharpmaker

Bleistiftanspitzer

Radeergummi

Radiergummi

Tekenblock

Zeichenblock

Teken
....
Zeichnung

Pinsel
....
Pinsel

Malkassen
....
Malkasten

Scheer
....
Schere

Klever
....
Klebstoff

Heft to'n Öven
....
Übungsheft

Huusopgaav
....
Hausaufgabe

12

Tall
....
Zahl

2+2

tohooptellen
....
addieren

5-2

aftrecken
....
subtrahieren

2×2

malnehmen
....
multiplizieren

reken
....
rechnen

A

Bookstaav
....
Buchstabe

ABCDEFG HIJKLMN OPQRSTU VWXYZ

ABC
....
Alphabet

hello

Woort
....
Wort

Text
Text

lesen
lesen

Kried
Kreide

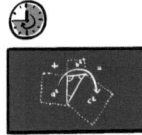

Stunn
Stunde

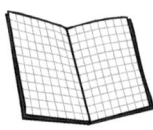

Klassenbook
Klassenbuch

Pröven
Prüfung

Tüügnis
Zeugnis

Schooluniform
Schuluniform

Utbillen
Ausbildung

Nakieksel
Lexikon

Universität
Universität

Mikroskop
Mikroskop

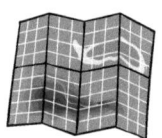

Koort
Karte

Papeerkorf
Papierkorb

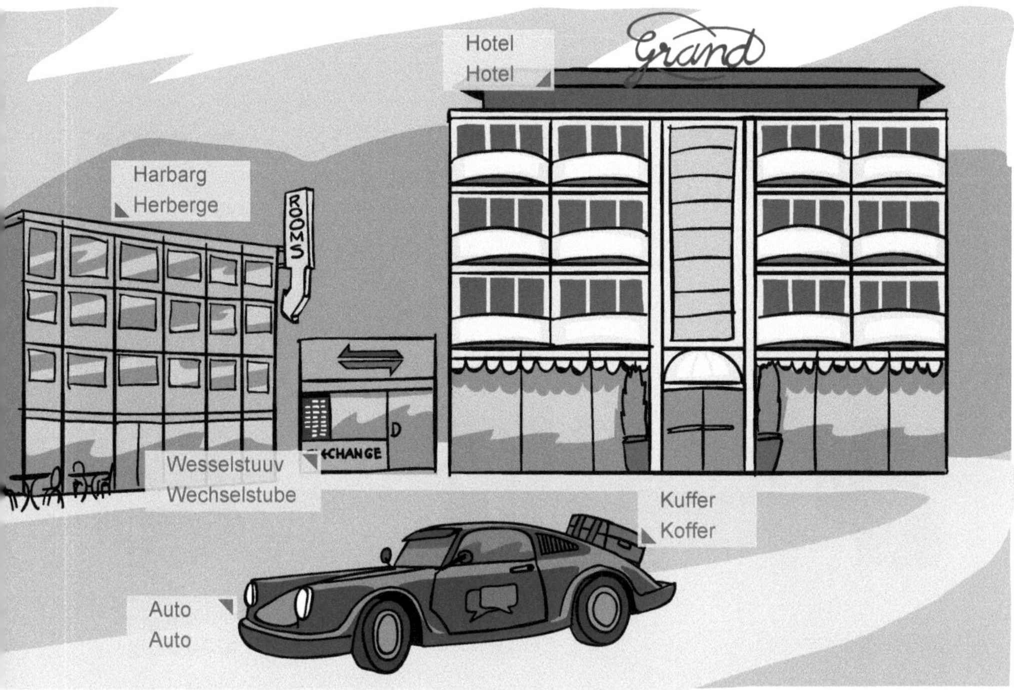

Hotel
Hotel
Grand
Harbarg
Herberge
ROOMS
Wesselstuuv
Wechselstube
EXCHANGE
Kuffer
Koffer
Auto
Auto

Spraak
Sprache

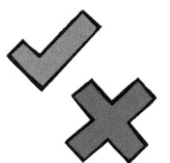

jo / ne
ja / nein

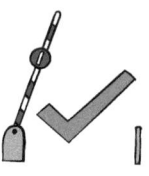

Jo
Okay

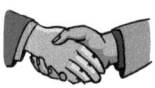

Moin
Hallo

Översetter
Übersetzer

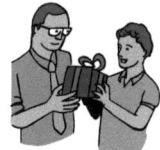

Dank ok
Danke

Wat kost…?

Was kostet…?

Ik verstah nich

Ich verstehe nicht

Problem

Problem

Goden Avend

Guten Abend!

Moin!

Guten Morgen!

Gode Nacht!

Gute Nacht!

Tschüüs

Auf Wiedersehen

Richt

Richtung

Bagaasch

Gepäck

Tasch

Tasche

Rüchsack

Rucksack

Gast

Gast

Stuuv

Zimmer

Slaapsack

Schlafsack

Telt

Zelt

Touristeninformatschoon

Touristeninformation

Strand

Strand

Kreditkoort

Kreditkarte

Fröhstück

Frühstück

Meddageten

Mittagessen

Avendeten

Abendessen

Fohrkort

Fahrkarte

Fohrstohl

Fahrstuhl

Breefmark

Briefmarke

Grenz

Grenze

Toll

Zoll

Bottschop

Botschaft

Visum

Visum

Pass

Pass

Transport

Transport

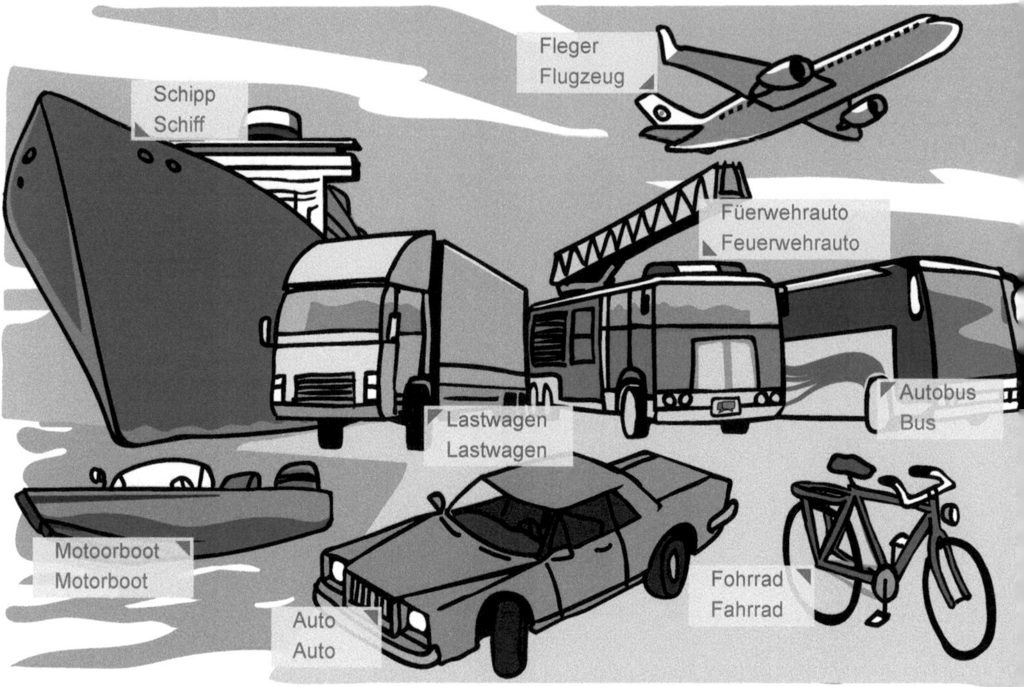
Fleger
Flugzeug
Schipp
Schiff
Füerwehrauto
Feuerwehrauto
Autobus
Bus
Lastwagen
Lastwagen
Motoorboot
Motorboot
Fohrrad
Fahrrad
Auto
Auto

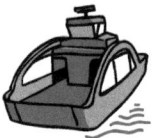

Fähr

Fähre

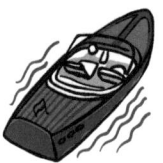

Boot

Boot

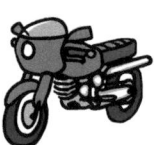

Motoorrad

Motorrad

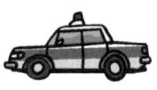

Polizeiauto

Polizeiauto

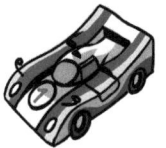

Rönnauto

Rennauto

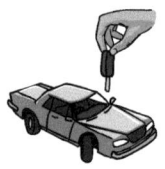

Lehnwagen

Mietwagen

Carsharing
Carsharing

Afsleepwagen
Abschleppwagen

Müllauto
Müllauto

Motoor
Motor

Kraftstoff
Kraftstoff

Tanksteed
Tankstelle

Verkehrsschild
Verkehrsschild

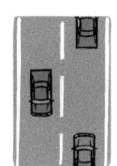

Verkehr
Verkehr

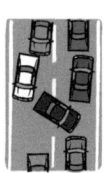

Stau
Stau

Afstellplatz
Parkplatz

Bahnhoff
Bahnhof

Sporen
Schienen

Tog
Zug

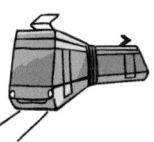

Stratenbahn
Straßenbahn

Wagon
Wagon

Dwarsmöhl

Helikopter

Flooghaven

Flughafen

Tower

Tower

Fohrgast

Passagier

Grootkist

Container

Karton

Karton

Koor

Karren

Korf

Korb

starten / lannen

starten / landen

Stadt
Stadt

Dörp

Dorf

Binnenstadt

Stadtzentrum

Huus

Haus

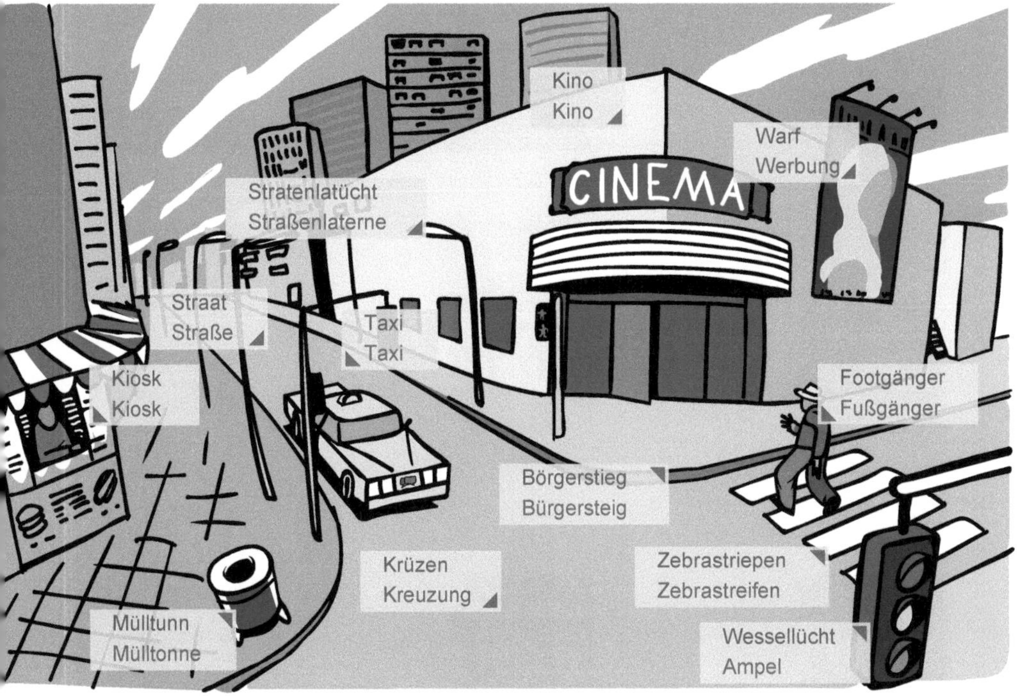

Kino
Kino

Warf
Werbung

CINEMA

Stratenlatücht
Straßenlaterne

Straat
Straße

Taxi
Taxi

Kiosk
Kiosk

Footgänger
Fußgänger

Börgerstieg
Bürgersteig

Krüzen
Kreuzung

Zebrastriepen
Zebrastreifen

Mülltunn
Mülltonne

Wessellücht
Ampel

Hütt
Hütte

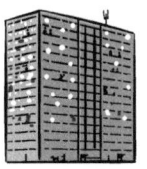

Wahnung
Wohnung

Bahnhoff
Bahnhof

Raathuus
Rathaus

Museum
Museum

School
Schule

Universität

Universität

Bank

Bank

Krankenhuus

Krankenhaus

Hotel

Hotel

Afteek

Apotheke

Büro

Büro

Bookhökerie

Buchhandlung

Hökerie

Geschäft

Blomenhökerie

Blumenladen

Supermarkt

Supermarkt

Markt

Markt

Koophuus

Kaufhaus

Fischhökerie

Fischhändler

Inkoopszentrum

Einkaufszentrum

Haven

Hafen

Parkanlaag
....
Park

Bank
....
Bank

Brüch
....
Brücke

Trepp
....
Treppe

Ünnergrundbahn
....
U-Bahn

Tunnel
....
Tunnel

Busstoppsteed
....
Bushaltestelle

Bar
....
Bar

Spieslokal
....
Restaurant

Breefkassen
....
Briefkasten

Stratenschild
....
Straßenschild

Parkklock
....
Parkuhr

Deertenpark
....
Zoo

Baadanstalt
....
Badeanstalt

Moschee
....
Moschee

Buernhoff
Bauernhof

Ümweltversmudden
Umweltverschmutzung

Karkhoff
Friedhof

Kark
Kirche

Speelplatz
Spielplatz

Tempel
Tempel

Landschop
Landschaft

Blatt
Blatt

Wiespahl
Wegweiser

Weg
Weg

Wisch
Wiese

Steen
Stein

Boom
Baum

Wannerer
Wanderer

Fluss
Fluss

Gras
Gras

Bloom
Blume

Daal
Tal

Barg
Berg

See
See

Holt
Wald

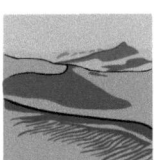

Wööst
Wüste

Füerspien Barg
Vulkan

Slott
Schloss

Regenbagen
Regenbogen

Poggenstohl
Pilz

Palm
Palme

Steekmück
Moskito

Fleeg
Fliege

Miegeemk
Ameise

Imm
Biene

Spinn
Spinne

Sebber

Käfer

Pogg

Frosch

Katteker

Eichhörnchen

Swienegel

Igel

Haas

Hase

Uul

Eule

Vagel

Vogel

Swaan

Schwan

Wildswien

Wildschwein

Hirsch

Hirsch

Elk

Elch

Staudamm

Staudamm

Windrad

Windrad

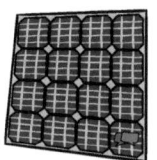

Solarmodul

Solarmodul

Klima

Klima

Spieslokal
Restaurant

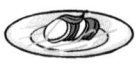

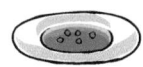

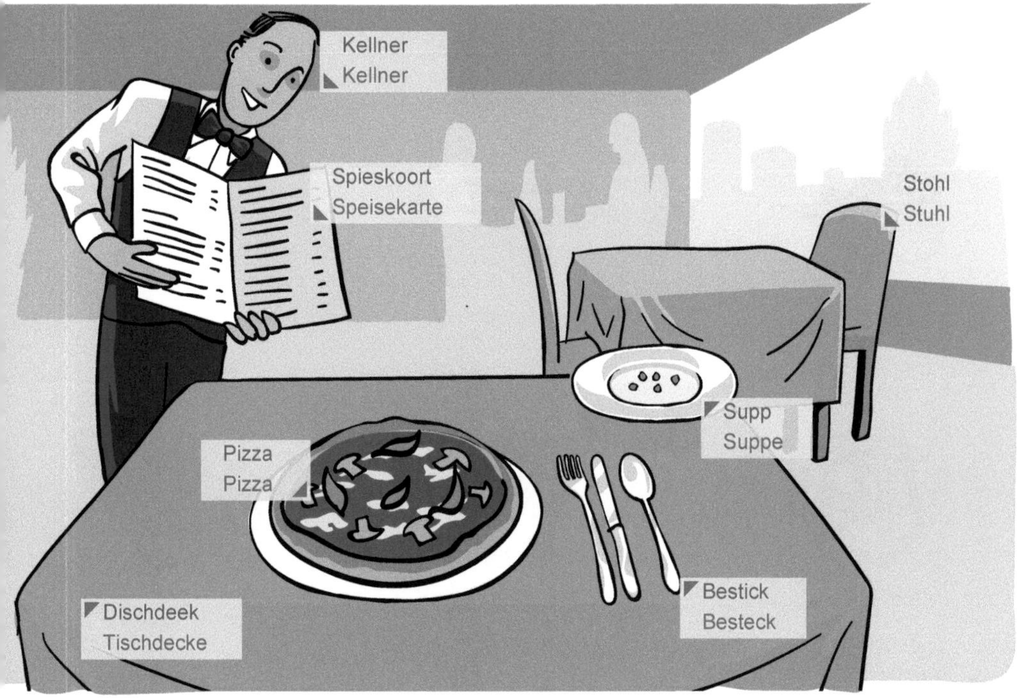

Kellner
Kellner
Spieskoort
Speisekarte
Stohl
Stuhl
Supp
Suppe
Pizza
Pizza
Bestick
Besteck
Dischdeek
Tischdecke

Vörspies

Vorspeise

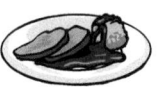

Haupteten

Hauptgericht

Nadisch

Nachspeise

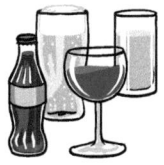

Drünk

Getränke

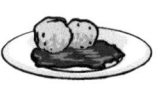

Eten

Essen

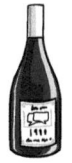

Buddel

Flasche

Fastfood

Fastfood

Strateneten

Streetfood

Teekann

Teekanne

Zuckerdoos

Zuckerdose

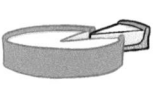

Portschoon

Portion

Espressomaschien

Espressomaschine

Hoochstohl

Hochstuhl

Reken

Rechnung

Tablett

Tablett

Mess

Messer

Gavel

Gabel

Lepel

Löffel

Teelepel

Teelöffel

Munddook

Serviette

Glas

Glas

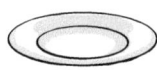

Töller
Teller

Suppentöller
Suppenteller

Ünnertass
Untertasse

Sooß
Sauce

Soltstreuer
Salzstreuer

Pepermöhl
Pfeffermühle

Etig
Essig

Ööl
Öl

Krüder
Gewürze

Ketchup
Ketchup

Mostrich
Senf

Mayonnaise
Mayonnaise

Supermarkt
Supermarkt

Anbott
Angebot
FOR
Kunn
Kunde
Melkprodukten
Milchprodukte
Aaft
Obst
Inkoopswagen
Einkaufswagen

BUTCHERS

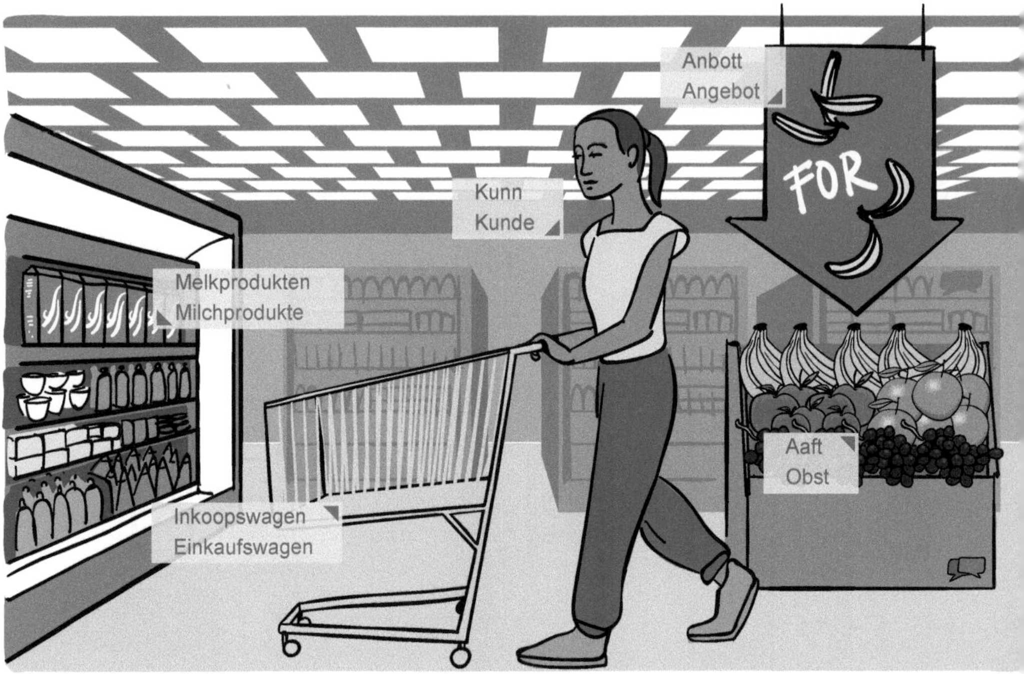

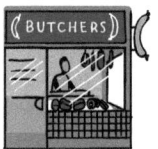

Slachterie
Schlachterei

BAKERY

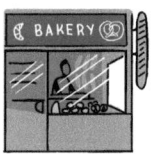

Bäckerie
Bäckerei

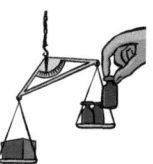

wegen
wiegen

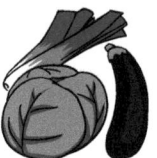

Gröönsaken
Gemüse

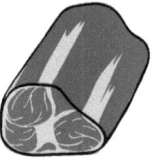

Fleesch
Fleisch

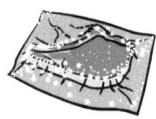

Deepköhlkost
Tiefkühlkost

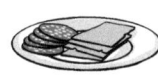

Opsnitt

Aufschnitt

Konserven

Konserven

Waschmiddel

Waschmittel

Snoopkraam

Süßigkeiten

Huushooltssaken

Haushaltsartikel

Reinmaaktüüch

Reinigungsmittel

Verköpersche

Verkäuferin

Kass

Kasse

Kasserer

Kassierer

Inkoopslist

Einkaufsliste

Opsparrtieden

Öffnungszeiten

Breeftasch

Brieftasche

Kreditkoort

Kreditkarte

Tasch

Tasche

Plastiktüüt

Plastiktüte

Water

Wasser

Saft

Saft

Melk

Milch

Cola

Cola

Wien

Wein

Beer

Bier

Spriet

Alkohol

Kakao

Kakao

Tee

Tee

Koffie

Kaffee

Espresso

Espresso

Cappucino

Cappuccino

Banaan

Banane

Appel

Apfel

Appelsien

Orange

Meloon

Melone

Zitroon

Zitrone

Wöttel

Karotte

Knuuvlook

Knoblauch

Bambus

Bambus

Zibbel

Zwiebel

Poggenstohl

Pilz

Nööt

Nüsse

Nudeln

Nudeln

Spaghetti

Spaghetti

Ries

Reis

Salat

Salat

Pommes frites

Pommes frites

Braadkantüffeln

Bratkartoffeln

Pizza

Pizza

Hamborger

Hamburger

Sandwich

Sandwich

Snitzel

Schnitzel

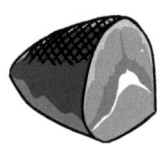

Schinken

Schinken

Salami

Salami

Wust

Wurst

Hohn

Huhn

Braden

Braten

Fisch

Fisch

Haverflocken

Haferflocken

Müsli

Müsli

Cornflakes

Cornflakes

Mehl

Mehl

Croissant

Croissant

Rundstück

Brötchen

Broot

Brot

Toast

Toast

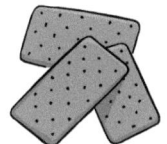

Keksen

Kekse

Botter

Butter

Quark

Quark

Koken

Kuchen

Ei

Ei

Spegelei

Spiegelei

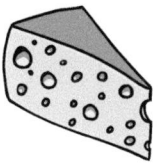

Kees

Käse

Ies
Eiscreme

Zucker
Zucker

Honnig
Honig

Marmelaad
Marmelade

Nougat-Creme
Nougat-Creme

Curry
Curry

Buernhoff
Bauernhof

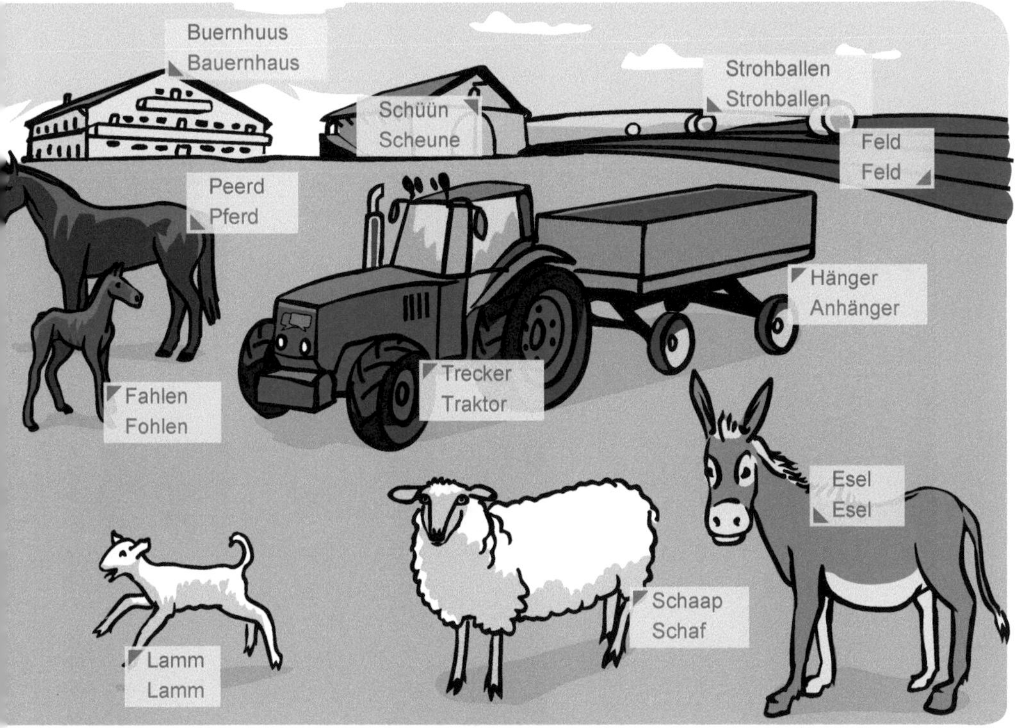
Buernhuus
Bauernhaus
Schüün
Scheune
Strohballen
Strohballen
Feld
Feld
Peerd
Pferd
Hänger
Anhänger
Trecker
Traktor
Fahlen
Fohlen
Esel
Esel
Schaap
Schaf
Lamm
Lamm

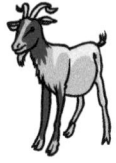

Zeeg

Ziege

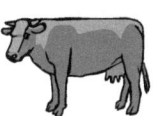

Koh

Kuh

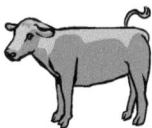

Kalf

Kalb

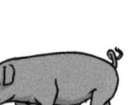

Swien

Schwein

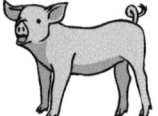

Farken

Ferkel

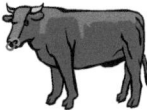

Bull

Bulle

Goos

Gans

Aant

Ente

Küken

Küken

Hohn

Huhn

Hahn

Hahn

Rott

Ratte

Katt

Katze

Muus

Maus

Oss

Ochse

Hund

Hund

Hunnenhütt

Hundehütte

Goornslauch

Gartenschlauch

Geetkann

Gießkanne

Lee

Sense

Ploog

Pflug

Sich
Sichel

Hack
Hacke

Mestfork
Mistgabel

Ext
Axt

Schuufkoor
Schubkarre

Trog
Trog

Melkkann
Milchkanne

Sack
Sack

Tuun
Zaun

Stall
Stall

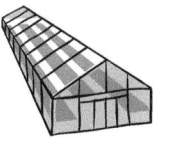

Drievhuus
Treibhaus

Bodden
Boden

Saat
Saat

Dünger
Dünger

Meihdöscher
Mähdrescher

oornen

ernten

Oorn

Ernte

Yamswöttel

Yamswurzel

Weten

Weizen

Soja

Soja

Kantüffel

Kartoffel

Törksche Weten

Mais

Rapp

Raps

Aaftboom

Obstbaum

Troopsch Kantüffel

Maniok

Koorn

Getreide

Huus
Haus

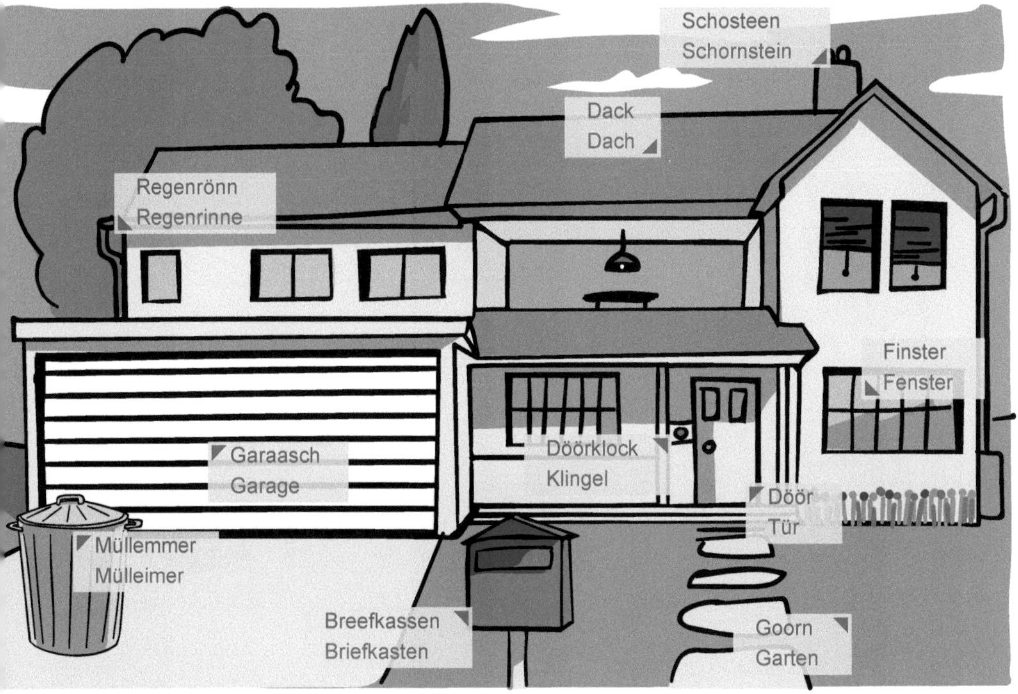
Schosteen
Schornstein
Dack
Dach
Regenrönn
Regenrinne
Finster
Fenster
Garaasch
Garage
Döörklock
Klingel
Döör
Tür
Müllemmer
Mülleimer
Breefkassen
Briefkasten
Goorn
Garten

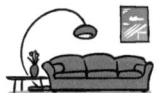

Wahnstuuv
Wohnzimmer

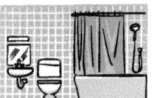

Baadstuuv
Badezimmer

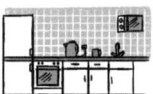

Köök
Küche

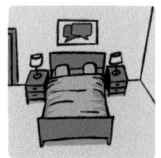

Slaapstuuv
Schlafzimmer

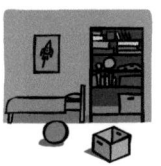

Kinnerstuuv
Kinderzimmer

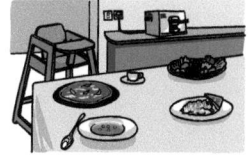

Eetstuuv
Esszimmer

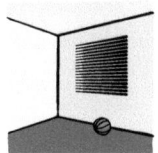

Footbodden
....
Boden

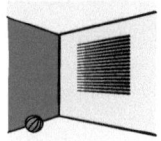

Wand
....
Wand

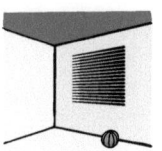

Deek
....
Decke

Keller
....
Keller

Hittluftbad
....
Sauna

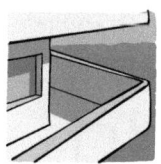

Balkon
....
Balkon

Terrass
....
Terrasse

Swümmbad
....
Schwimmbad

Rasenmeiher
....
Rasenmäher

Bettbetog
....
Bettbezug

Bettdeek
....
Bettdecke

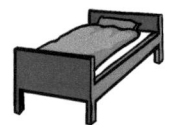

Puuch
....
Bett

Bessen
....
Besen

Emmer
....
Eimer

Schalter
....
Schalter

Wahnstuuv
Wohnzimmer

Tapeet
Tapete
Bild
Bild
Lamp
Lampe
Regal
Regal
Schapp
Schrank
Kiekkassen
Fernseher
Kamin
Kamin
Bloom
Blume
Küssen
Kissen
Sofa
Sofa
Vaas
Vase
Feernbedenen
Fernbedienung

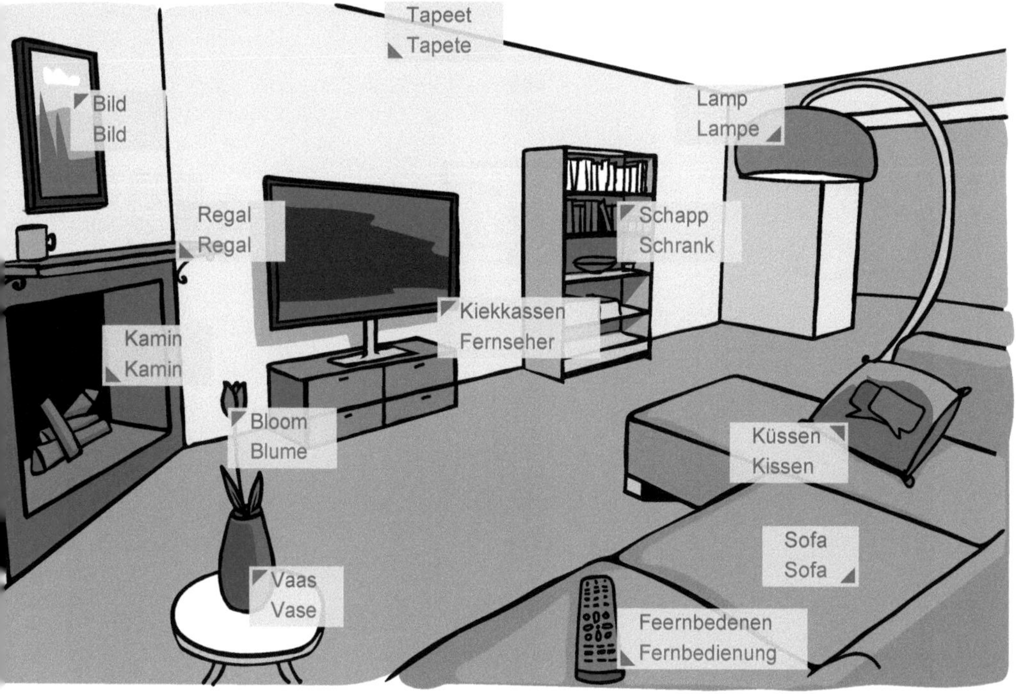

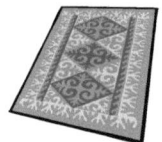

Teppich

Teppich

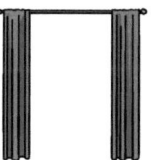

Vörhang

Vorhang

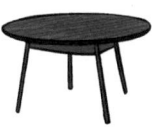

Disch

Tisch

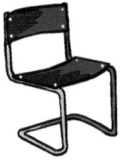

Stohl

Stuhl

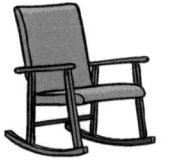

Schuckelstohl

Schaukelstuhl

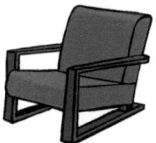

Sessel

Sessel

Book

Buch

Deek

Decke

Dekoratschoon

Dekoration

Füerholt

Feuerholz

Film

Film

Stereoanlaag

Stereoanlage

Slötel

Schlüssel

Narichtenblatt

Zeitung

Gemälde

Gemälde

Poster

Poster

Radio

Radio

Opschrievblock

Notizblock

Huulbessen

Staubsauger

Kaktus

Kaktus

Kars

Kerze

Köök

Küche

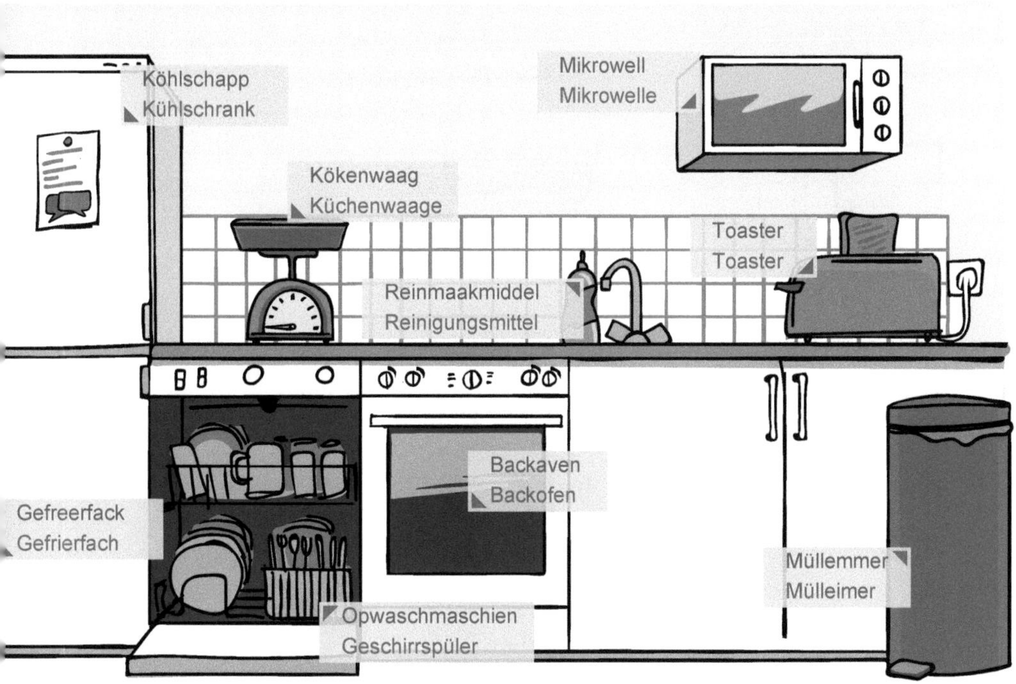

Köhlschapp
Kühlschrank
Mikrowell
Mikrowelle
Kökenwaag
Küchenwaage
Toaster
Toaster
Reinmaakmiddel
Reinigungsmittel
Backaven
Backofen
Gefreerfack
Gefrierfach
Müllemmer
Mülleimer
Opwaschmaschien
Geschirrspüler

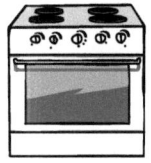

Heerd

Herd

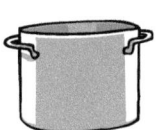

Pott

Topf

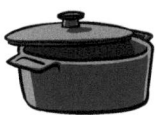

Gussiesern Putt

Eisentopf

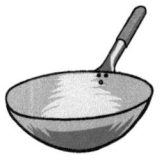

Wok / Kadai

Wok / Kadai

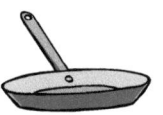

Pann

Pfanne

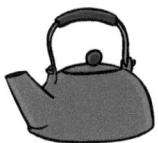

Waterkaker

Wasserkocher

Dampkaakputt

Dampfgarer

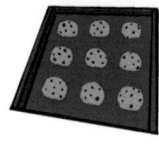

Backblick

Backblech

Geschirr

Geschirr

Beker

Becher

Schaal

Schale

Eetsticken

Essstäbchen

Suppenkell

Suppenkelle

Pannenwenner

Pfannenwender

Sneebessen

Schneebesen

Kaakseef

Kochsieb

Seef

Sieb

Riev

Reibe

Mörser

Mörser

Grill

Grill

Füerstell

Feuerstelle

Sniedbrett

Schneidebrett

Nudelholt

Nudelholz

Proppentrecker

Korkenzieher

Doos

Dose

Dosenaapner

Dosenöffner

Pottlappen

Topflappen

Waschbecken

Waschbecken

Böst

Bürste

Swamm

Schwamm

Mixer

Mixer

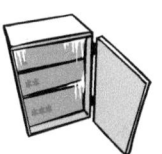

Iesschapp

Gefriertruhe

Nuckelbuddel

Babyflasche

Waterhahn

Wasserhahn

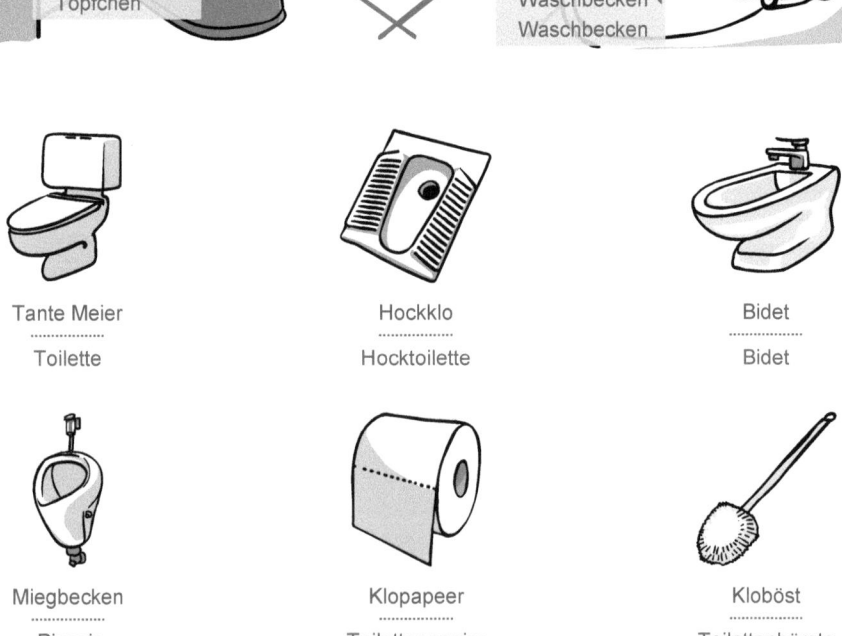

Baadstuuv

Badezimmer

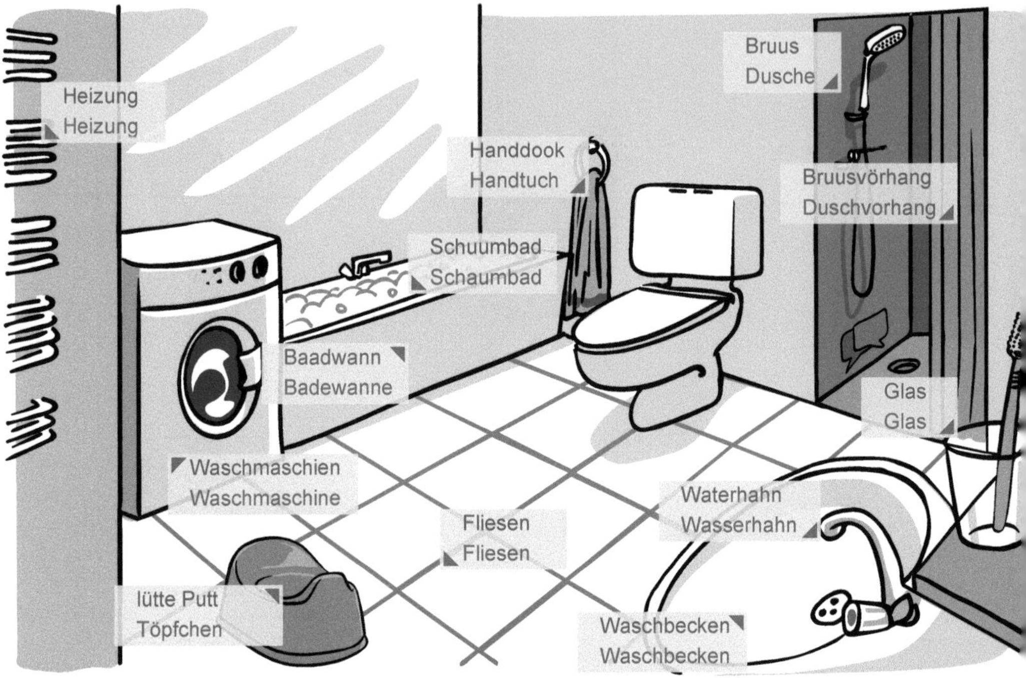

Heizung
Heizung
Handdook
Handtuch
Bruus
Dusche
Bruusvörhang
Duschvorhang
Schuumbad
Schaumbad
Baadwann
Badewanne
Glas
Glas
Waschmaschien
Waschmaschine
Waterhahn
Wasserhahn
Fliesen
Fliesen
lütte Putt
Töpfchen
Waschbecken
Waschbecken

Tante Meier

Toilette

Hockklo

Hocktoilette

Bidet

Bidet

Miegbecken

Pissoir

Klopapeer

Toilettenpapier

Kloböst

Toilettenbürste

Tähnböst

Zahnbürste

Tähnpast

Zahnpasta

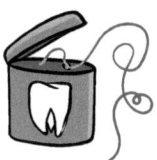

Tähnsied

Zahnseide

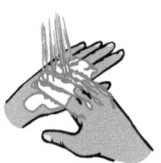

waschen

waschen

Handbruus

Handbrause

Intimbruus

Intimdusche

Waschschöttel

Waschschüssel

Rüchböst

Rückenbürste

Seep

Seife

Bruusgeel

Duschgel

Hoorwaschmiddel

Shampoo

Waschlappen

Waschlappen

Afloop

Abfluss

Creme

Creme

Deodorant

Deodorant

Spegel

Spiegel

Kosmetikspegel

Kosmetikspiegel

Raserer

Rasierer

Raseerschuum

Rasierschaum

Raseerwater

Rasierwasser

Kamm

Kamm

Böst

Bürste

Hoordröger

Föhn

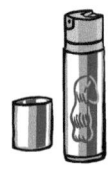

Hoorspray

Haarspray

Smink

Makeup

Lippensticken

Lippenstift

Nagellack

Nagellack

Watt

Watte

Nagelscheer

Nagelschere

Rüükwater

Parfum

Kulturbüdel
Kulturbeutel

Schemel
Hocker

Waag
Waage

Baadmantel
Bademantel

Gummihanschen
Gummihandschuhe

Tampon
Tampon

Damenbinn
Damenbinde

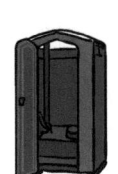

Chemieklo
Chemietoilette

Kinnerstuuv
Kinderzimmer

Wecker
Wecker
Knudeldeert
Kuscheltier
Speeltüüchauto
Spielzeugauto
Klöter
Rassel
Poppenhuus
Puppenhaus
Geschenk
Geschenk

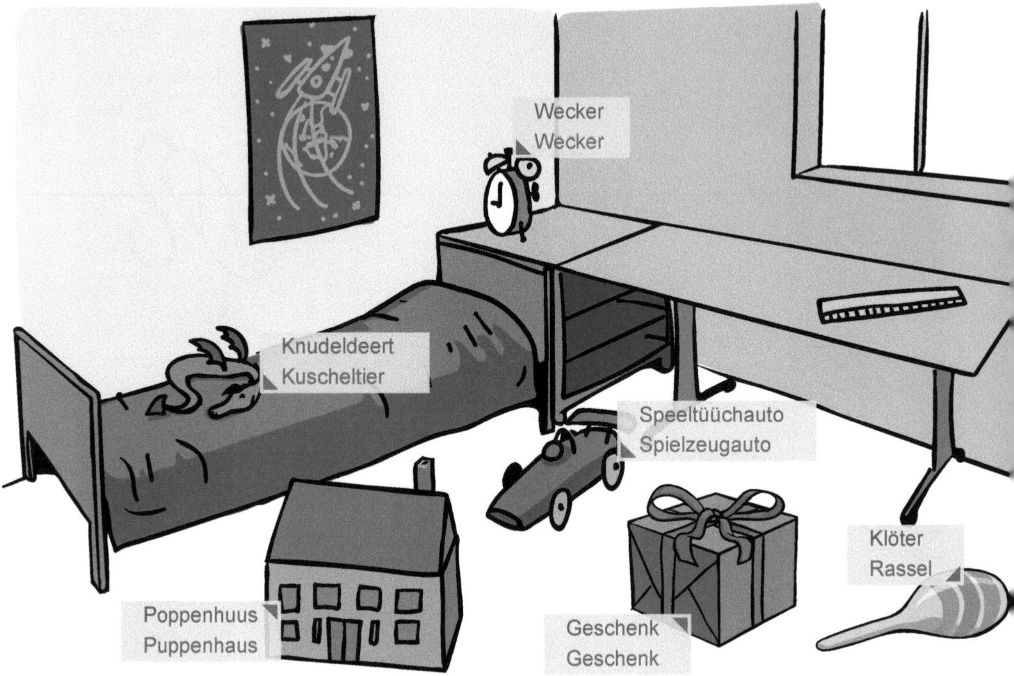

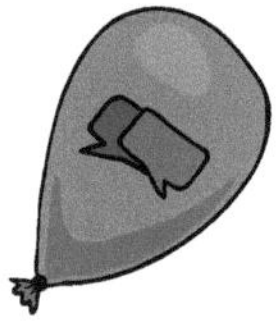

Luftballon
Ballon

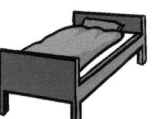

Puuch
Bett

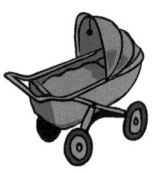

Kinnerwagen
Kinderwagen

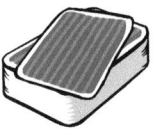

Koortenspeel
Kartenspiel

Puzzle
Puzzle

SUPER
MEGA

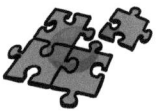

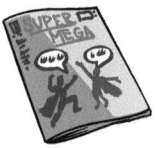

Billergeschicht
Comic

Legostenen
Legosteine

Bustenen
Bausteine

Action-Figur
Action Figur

Strampelantog
Strampelanzug

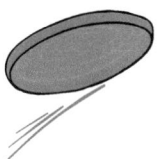

Frisbeeschiev
Frisbee

Mobile
Mobile

Brettspeel
Brettspiel

Wörpel
Würfel

Modelliesenbahn
Modelleisenbahn

Snuller
Schnuller

Party
Party

Billerbook
Bilderbuch

Ball
Ball

Popp
Puppe

spelen
spielen

Sandkassen
....
Sandkasten

Schuckel
....
Schaukel

Speeltüüch
....
Spielzeug

Speelkonsool
....
Spielkonsole

Dreerad
....
Dreirad

Teddyboor
....
Teddy

Klederschapp
....
Kleiderschrank

Tüüch

Kleidung

Socken
....
Socken

Strümp
....
Strümpfe

Strumpbüx
....
Strumpfhose

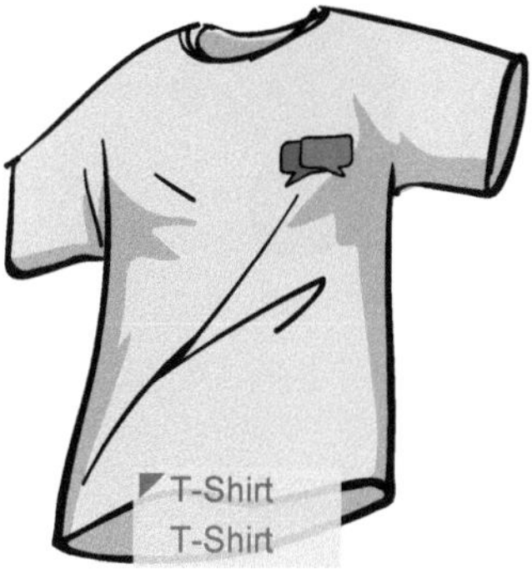

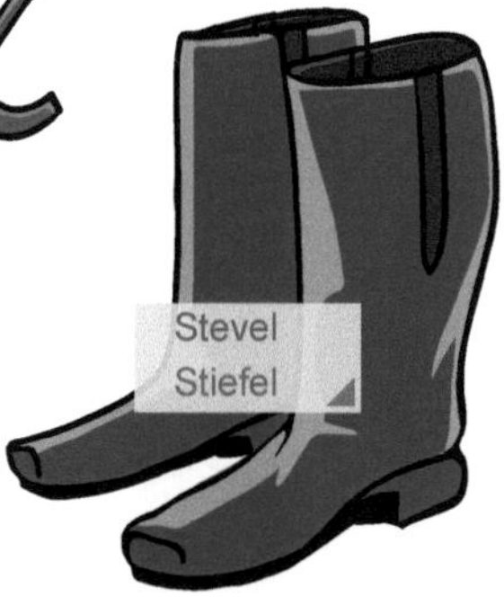

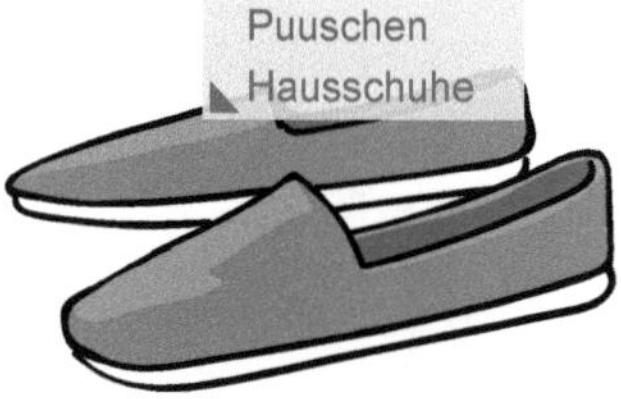

Halsdook
Schal

Liefreem
Gürtel

Paraplü
Regenschirm

T-Shirt
T-Shirt

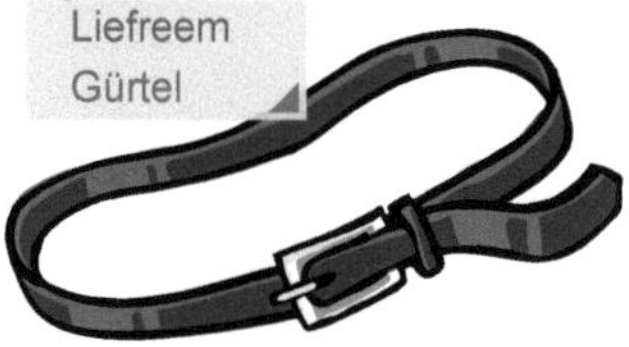

Stevel
Stiefel

Puuschen
Hausschuhe

Turnschoh
Turnschuhe

Sandalen
....
Sandalen

Schoh
....
Schuhe

Gummistevel
....
Gummistiefel

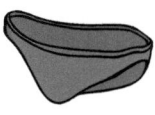

Ünnerbüx
....
Unterhose

Bostholler
....
Büstenhalter

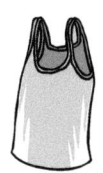

Ünnerhemd
....
Unterhemd

Lief

Body

Büx

Hose

Jeansnüx

Jeans

Rock

Rock

Bluus

Bluse

Hemd

Hemd

Pullover

Pullover

Kapuzenpullover

Kapuzenpullover

Blazer

Blazer

Jack

Jacke

Mantel

Mantel

Övertrecker

Regenmantel

Kostüm

Kostüm

Kleed

Kleid

Hochtietskleed

Hochzeitskleid

Antog

Anzug

Nachtkleed

Nachthemd

Slaapantog

Schlafanzug

Sari

Sari

Koppdook

Kopftuch

Turban

Turban

Burka

Burka

Kaftan

Kaftan

Abaya

Abaya

Baadantog

Badeanzug

Baadbüx

Badehose

Korte Büx

Kurze Hose

Antog to'n Öven

Trainingsanzug

Schört

Schürze

Handschoh

Handschuhe

Knopp
Knopf

Brill
Brille

Armband
Armband

Halskeed
Halskette

Ring
Ring

Ohrbummel
Ohrring

Mütz
Mütze

Klederbögel
Kleiderbügel

Hoot
Hut

Binner
Krawatte

Rietslüter
Reißverschluss

Helm
Helm

Drachtband
Hosenträger

Schooluniform
Schuluniform

Uniform
Uniform

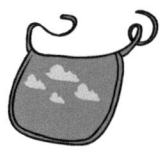

Severböten
Lätzchen

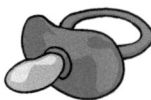

Snuller
Schnuller

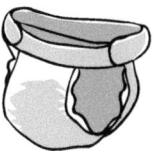

Winnel
Windel

Büro

Büro

Server
Server
Aktenschapp
Aktenschrank
Papeer
Papier
Drucker
Drucker
Bildschirm
Monitor
Muus
Maus
Schrievdisch
Schreibtisch
Orner
Ordner
Knoopboord
Tastatur
Stohl
Stuhl
Papeerkorf
Papierkorb
Computer
Computer

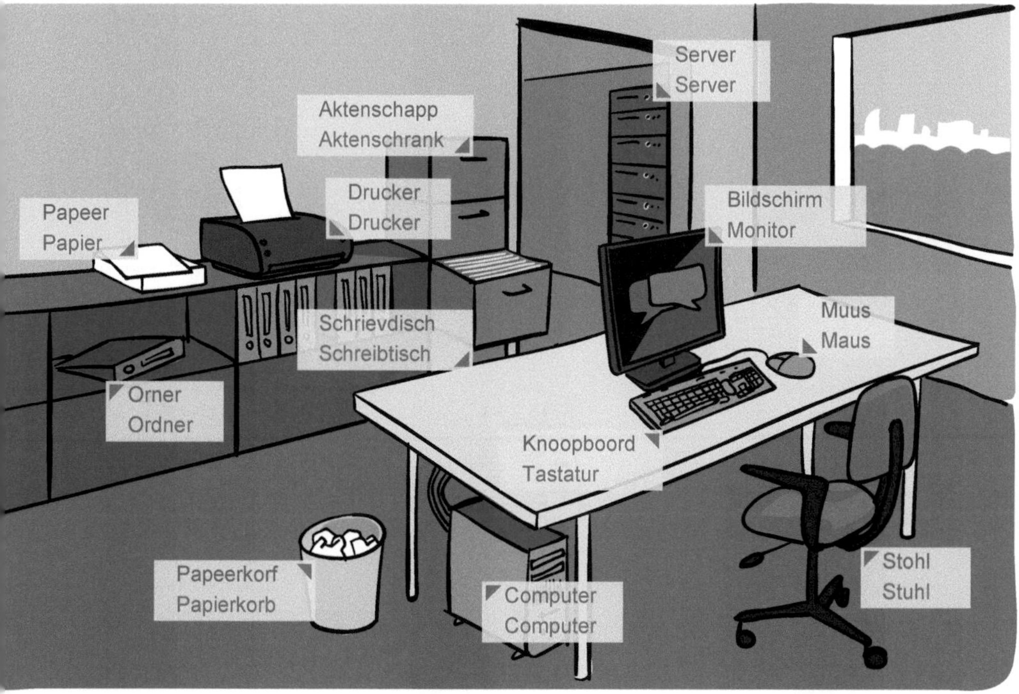

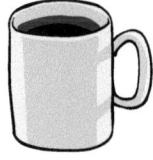

Koffiebeker
Kaffeebecher

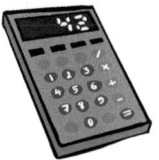

Taschenreekner
Taschenrechner

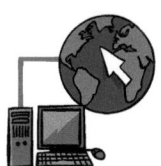

Internet
Internet

Klappreekner

Laptop

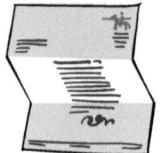

Breef

Brief

Naricht

Nachricht

Ackersnacker

Handy

Nettwark

Netzwerk

Kopeerapparat

Kopierer

Software

Software

Klöönkassen

Telefon

Steekdoos

Steckdose

Faxapparat

Fax

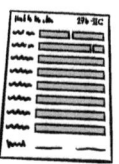

Formulor

Formular

Dokument

Dokument

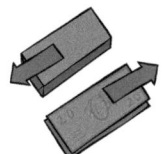

köpen

kaufen

betahlen

bezahlen

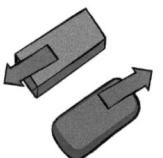

hanneln

handeln

Geld

Geld

Dollar

Dollar

Euro

Euro

Yen

Yen

Ruvel

Rubel

Swiezer Franken

Franken

Renminbi Yuan

Renminbi Yuan

Rupie

Rupie

Geldautomat

Geldautomat

Wesselstuuv
....
Wechselstube

Gold
....
Gold

Sülver
....
Silber

Ööl
....
Öl

Energie
....
Energie

Pries
....
Preis

Verdrag
....
Vertrag

Stüer
....
Steuer

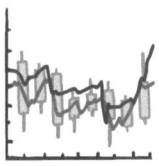

Andeelschien
....
Aktie

arbeiden
....
arbeiten

Anstellte
....
Angestellter

Arbeitgever
....
Arbeitgeber

Fabrik
....
Fabrik

Hökerie
....
Geschäft

Profeschonen
Berufe

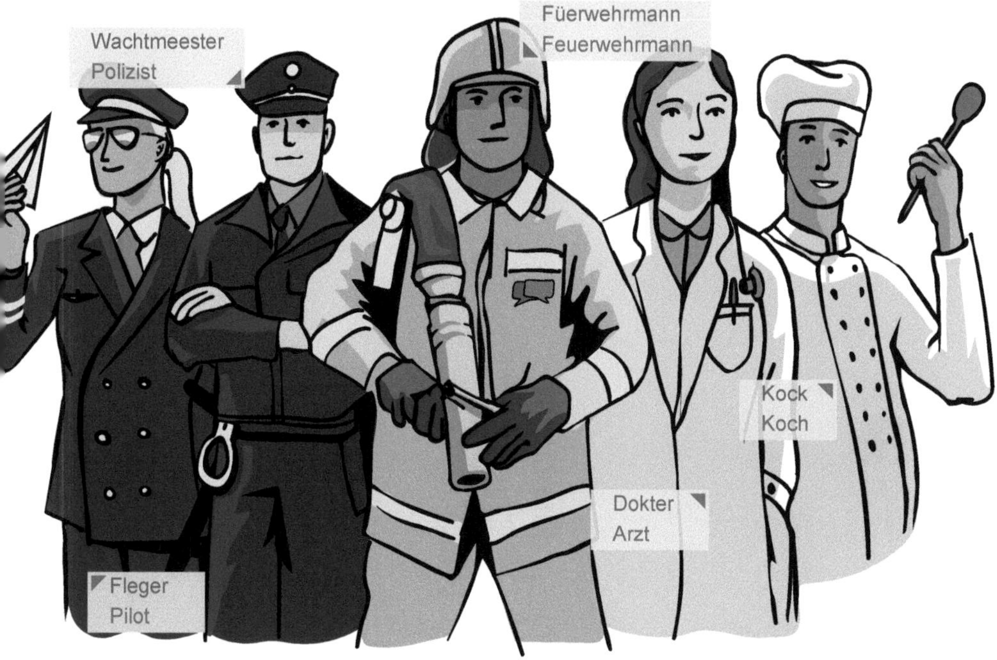

Wachtmeester
Polizist
Füerwehrmann
Feuerwehrmann
Kock
Koch
Dokter
Arzt
Fleger
Pilot

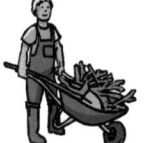

Goorner

Gärtner

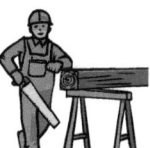

Discher

Tischler

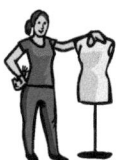

Neihersche

Näherin

Richter

Richter

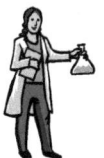

Chemiker

Chemiker

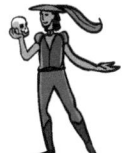

Schauspeler

Schauspieler

Busfohrer

Busfahrer

Taxifohrer

Taxifahrer

Fischer

Fischer

Reinmaakfru

Putzfrau

Dackdecker

Dachdecker

Kellner

Kellner

Jäger

Jäger

Maler

Maler

Bäcker

Bäcker

Elektriker

Elektriker

Buarbeider

Bauarbeiter

Ingenieur

Ingenieur

Slachter

Schlachter

Klempner

Klempner

Postbüdel

Postbote

Suldat

Soldat

Architekt

Architekt

Kasserer

Kassierer

Florist

Florist

Putzbüdel

Friseur

Schaffner

Schaffner

Mechaniker

Mechaniker

Kaptein

Kapitän

Tähndokter

Zahnarzt

Wetenschopler

Wissenschaftler

Rabbi

Rabbi

Imam

Imam

Mönk

Mönch

Paap

Geistlicher

Warktüüch
Werkzeuge

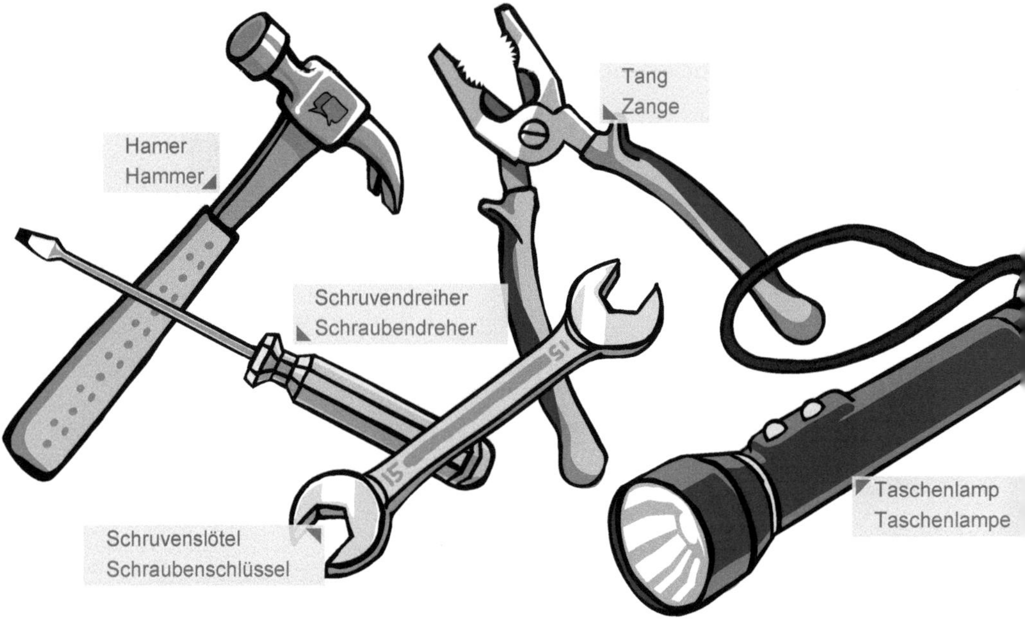

Tang
Zange
Hamer
Hammer
Schruvendreiher
Schraubendreher
Taschenlamp
Taschenlampe
Schruvenslötel
Schraubenschlüssel

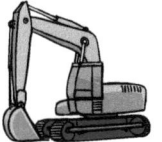

Grieper

Bagger

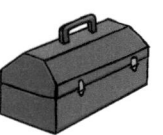

Warktüüchkassen

Werkzeugkasten

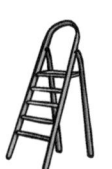

Ledder

Leiter

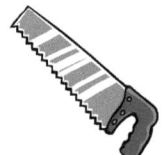

Saag

Säge

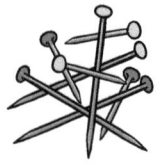

Nagels

Nägel

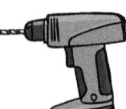

Bohrer

Bohrer

heelmaken
reparieren

Schüffel
Schaufel

Schiet!
Mist!

Kehrblick
Kehrblech

Farvpott
Farbtopf

Schruven
Schrauben

Musikinstrumenten
Musikinstrumente

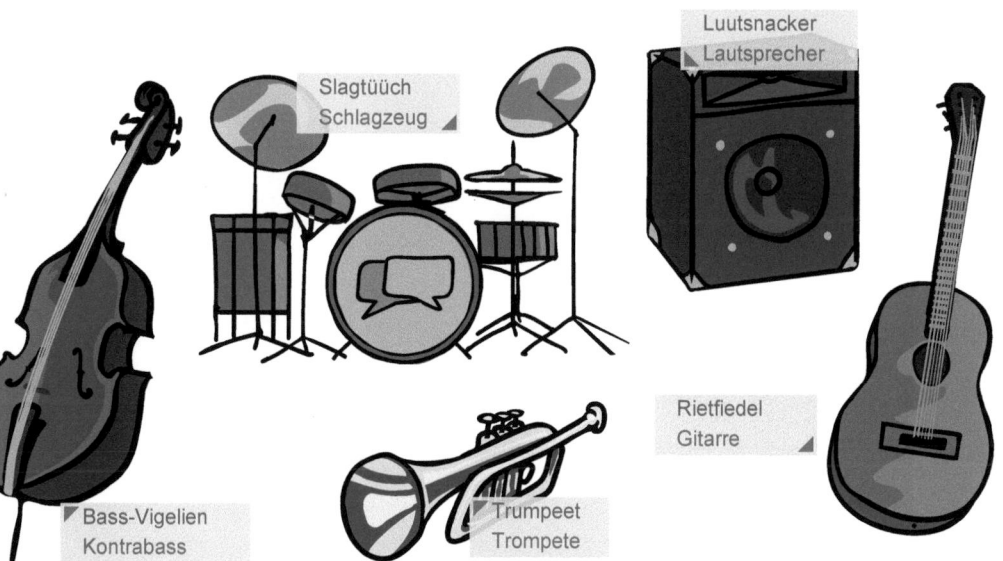

Slagtüüch
Schlagzeug

Luutsnacker
Lautsprecher

Rietfiedel
Gitarre

Bass-Vigelien
Kontrabass

Trumpeet
Trompete

Klaveer

Klavier

Vigelien

Violine

Bass

Bass

Pauk

Pauke

Trummeln

Trommeln

Keyboard

Keyboard

Saxophon

Saxophon

Fleut

Flöte

Mikrofoon

Mikrofon

Deertenpark
Zoo

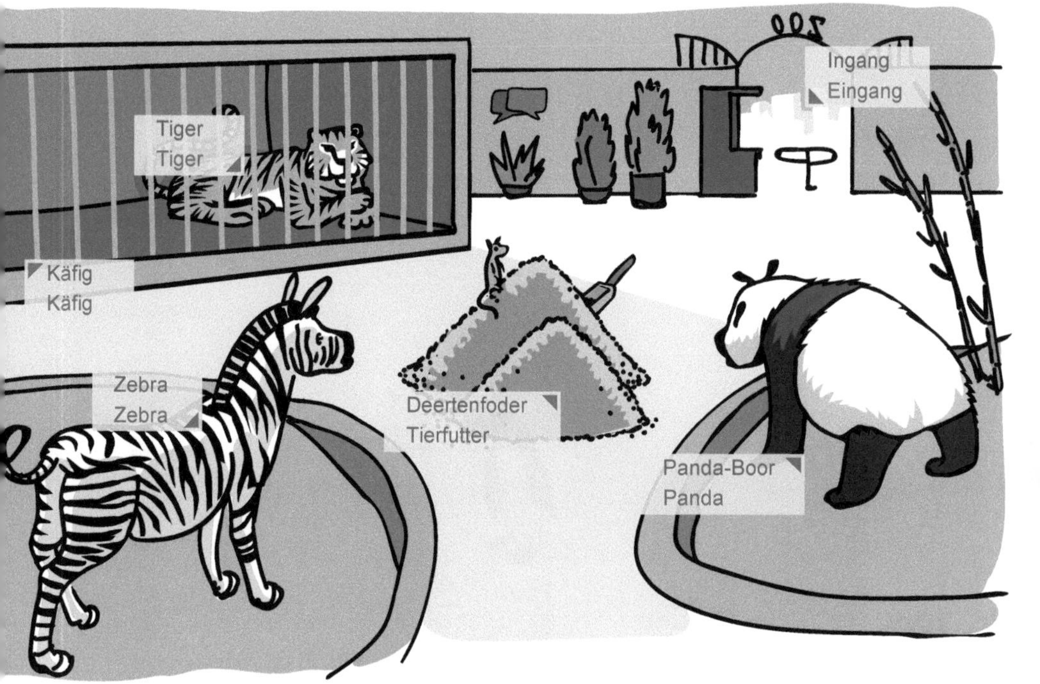

Ingang
Eingang
Tiger
Tiger
Käfig
Käfig
Zebra
Zebra
Deertenfoder
Tierfutter
Panda-Boor
Panda

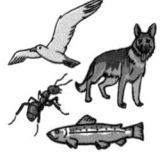

Deerten
Tiere

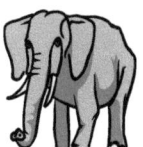

Elefant
Elefant

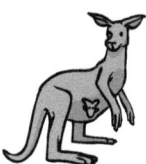

Känguru
Känguru

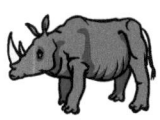

Neeshoorn
Nashorn

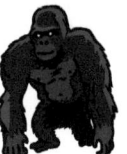

Gorilla
Gorilla

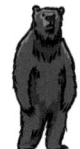

Boor
Bär

Kameel

Kamel

Struuß

Strauß

Lööv

Löwe

Aap

Affe

Flamingo

Flamingo

Papagoi

Papagei

Iesboor

Eisbär

Pinguin

Pinguin

Haifisch

Hai

Pageluun

Pfau

Slang

Schlange

Krokodil

Krokodil

Oppasser in'n Deertenpark

Zoowärter

Saalhund

Robbe

Jaguor

Jaguar

Pony
Pony

Leopard
Leopard

Nilpeerd
Nilpferd

Giraff
Giraffe

Aadler
Adler

Wildswien
Wildschwein

Fisch
Fisch

Schildkrööt
Schildkröte

Walross
Walross

Voss
Fuchs

Gazell
Gazelle

Amerikaansch Football
American Football

Radfohren
Radfahren

Tennis
Tennis

Korfball
Basketball

Swümmen
Schwimmen

Boxen
Boxen

Ieshockey
Eishockey

Football
Fußball

Fedderball
Badminton

Leichtathletik
Leichtathletik

Handball
Handball

Skilopen
Skilaufen

Polo
Polo

Aktivitäten
Aktivitäten

lachen
lachen
springen
springen
ümarmen
umarmen
gahn
gehen
singen
singen
drömen
träumen
beden
beten
snuteln
küssen

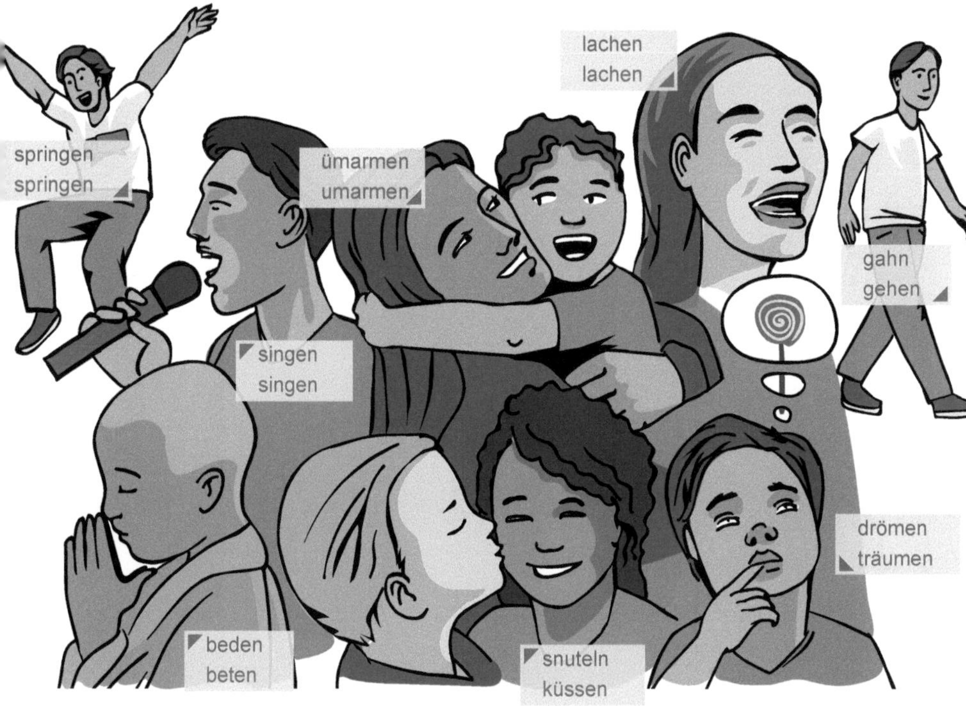

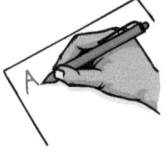

schrieven
schreiben

teken
zeichnen

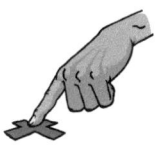

wiesen
zeigen

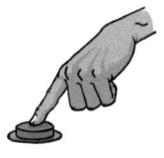

drücken
drücken

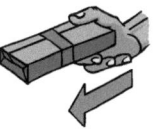

geven
geben

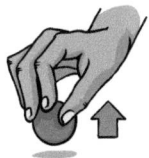

nehmen
nehmen

hebben

haben

doon

tun

sien

sein

stahn

stehen

lopen

laufen

trecken

ziehen

smieten

werfen

fallen

fallen

liggen

liegen

töven

warten

dregen

tragen

sitten

sitzen

antrecken

anziehen

slapen

schlafen

opwaken

aufwachen

ankieken

ansehen

wenen

weinen

eien

streicheln

kämmen

kämmen

snacken

reden

verstahn

verstehen

fragen

fragen

hören

hören

drinken

trinken

eten

essen

oprümen

aufräumen

leefhebben

lieben

kaken

kochen

fohren

fahren

flegen

fliegen

segeln

segeln

reken

rechnen

lesen

lesen

lehren

lernen

arbeiden

arbeiten

de Plünnen tohoopsmieten

heiraten

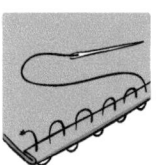

neihen

nähen

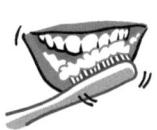

Tähnen putzen

Zähne putzen

dootmaken

töten

smöken

rauchen

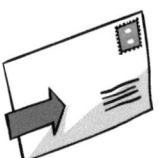

schicken

senden

Grootmoder
Großmutter

Grootvadder
Großvater

Vadder
Vater

Moder
Mutter

Winnelkind
Baby

Dochter
Tochter

Söhn
Sohn

Gast

Gast

Tant

Tante

Unkel

Onkel

Broder

Bruder

Süster

Schwester

Körper

Vörkopp
Stirn

Oog
Auge

Gesicht
Gesicht

Kinn
Kinn

Bost
Brust

Schuller
Schulter

Finger
Finger

Hand
Hand

Been
Bein

Arm
Arm

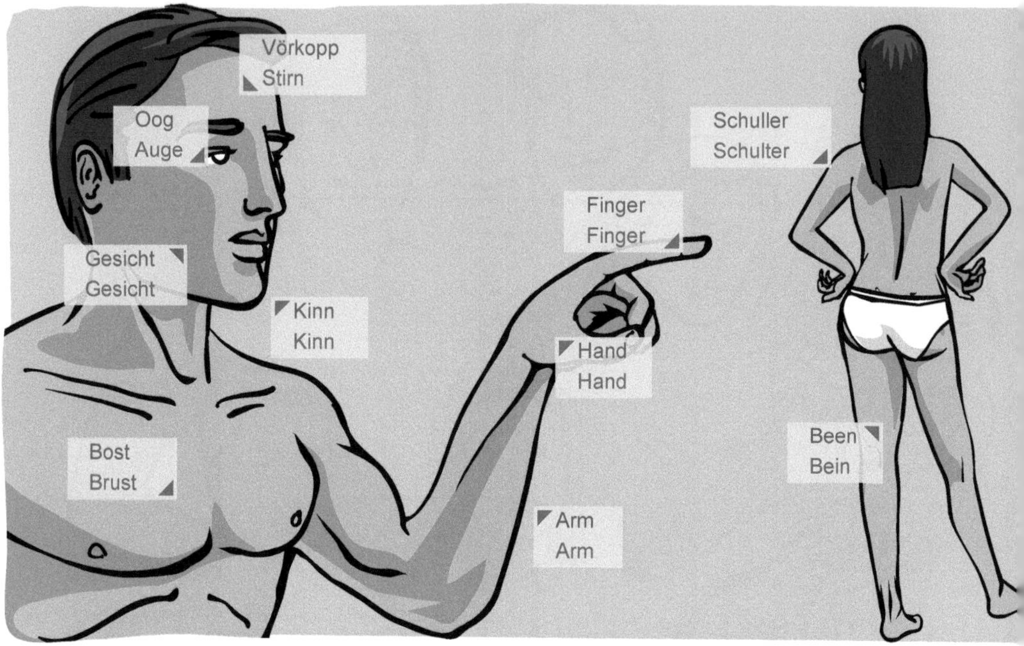

Winnelkind
Baby

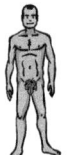

Mann
Mann

Fro
Frau

Deern
Mädchen

Jung
Junge

Arm
Kopf

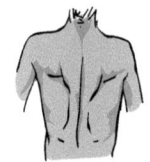

Rüch
....
Rücken

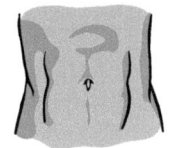

Buuk
....
Bauch

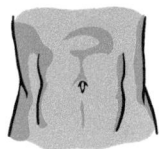

Navel
....
Nabel

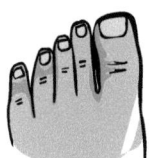

Teh
....
Zeh

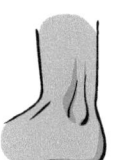

Hack
....
Ferse

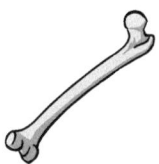

Knaken
....
Knochen

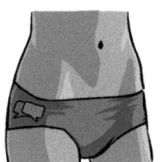

Hüft
....
Hüfte

Knee
....
Knie

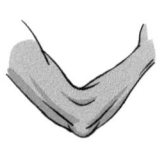

Ellbagen
....
Ellenbogen

Nees
....
Nase

Achtersen
....
Gesäß

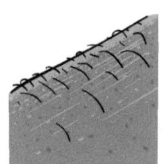

Huut
....
Haut

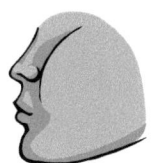

Back
....
Wange

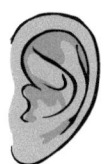

Ohr
....
Ohr

Lipp
....
Lippe

Mund

Mund

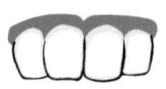

Tähn

Zahn

Tung

Zunge

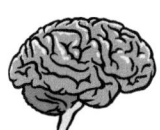

Bregen

Gehirn

Hart

Herz

Muskel

Muskel

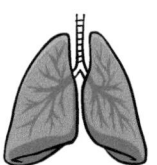

Lung

Lunge

Lever

Leber

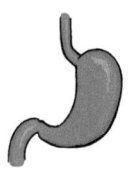

Maag

Magen

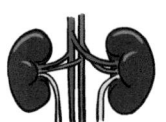

Neren

Nieren

Bislaap

Geschlechtsverkehr

Kondoom

Kondom

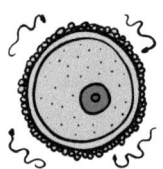

Eizell

Eizelle

Sperma

Sperma

Anner Ümstänn

Schwangerschaft

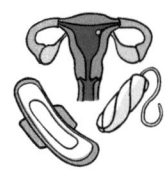

Menstruatschoon

Menstruation

Scheed

Vagina

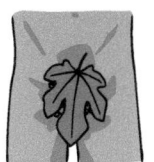

Pint

Penis

Ogenbroe

Augenbraue

Hoor

Haar

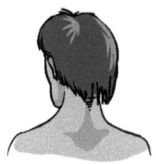

Hals

Hals

Krankenhuus
Krankenhaus

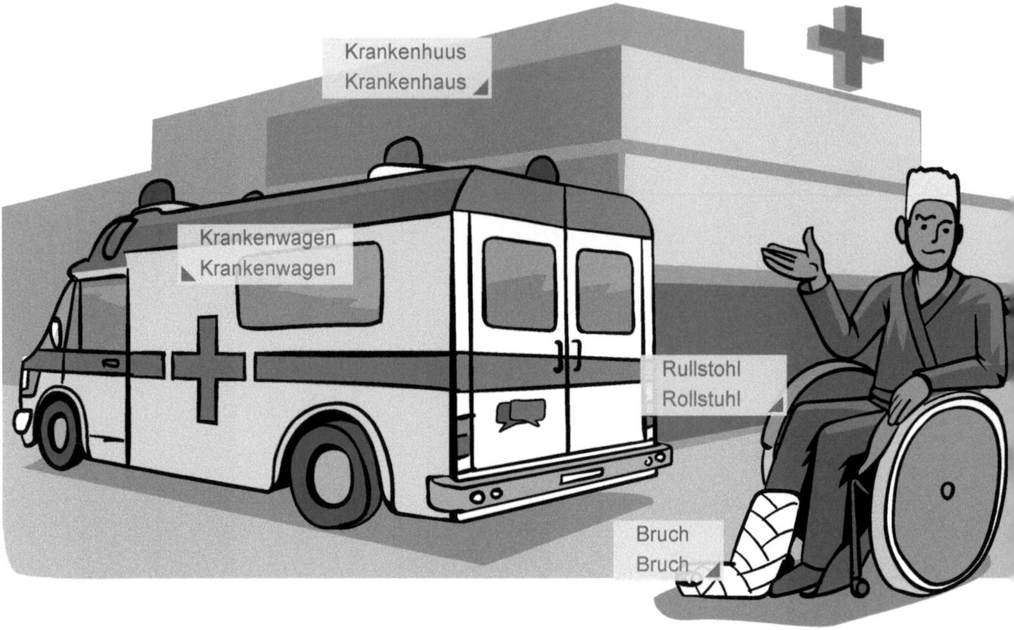

Krankenhuus
Krankenhaus
Krankenwagen
Krankenwagen
Rullstohl
Rollstuhl
Bruch
Bruch

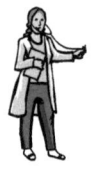

Dokter

Arzt

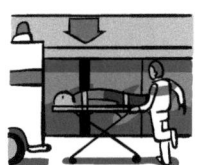

Nootopnahm

Notaufnahme

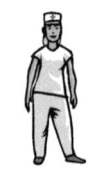

Krankensüster

Krankenschwester

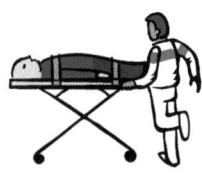

Nootfall

Notfall

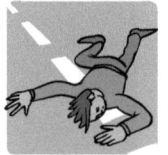

ahnmächtig

ohnmächtig

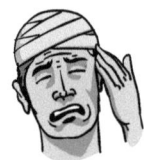

Wehdaag

Schmerz

Verwunnen
....
Verletzung

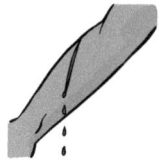

Blöden
....
Blutung

Hartinfarkt
....
Herzinfarkt

Slaganfall
....
Schlaganfall

Allergie
....
Allergie

Hoosten
....
Husten

Fever
....
Fieber

Gripp
....
Grippe

Dörchfall
....
Durchfall

Koppwehdaag
....
Kopfschmerzen

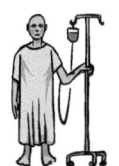

Kreeft
....
Krebs

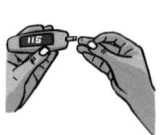

Zuckersüük
....
Diabetis

Chirurg
....
Chirurg

Chirurgsch Mess
....
Skalpell

Operatschoon
....
Operation

CT
CT

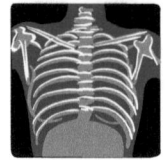

Dörchlüchten
Röntgen

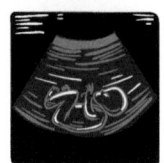

Ultraschall
Ultraschall

Mask
Maske

Krankheit
Krankheit

Töövruum
Wartezimmer

Krück
Krücke

Plaaster
Pflaster

Verband
Verband

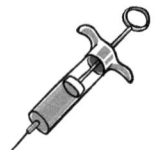

Insprütten
Injektion

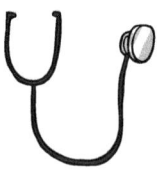

Stethoskop
Stethoskop

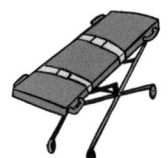

Draag
Trage

Feverthermometer
Thermometer

Geboort
Geburt

Övergewicht
Übergewicht

Hööraparat	Kiemfriemiddel	Ansteken
Hörgerät	Desinfektionsmittel	Infektion

Virus	HIV / AIDS	Heelmiddel
Virus	HIV / AIDS	Medizin
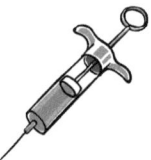	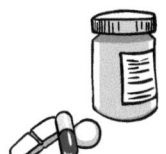	
Impen	Tabletten	Pill
Impfung	Tabletten	Pille

Nootroop	Blootdruck-Meter	krank / gesund
Notruf	Blutdruck-Messgerät	krank / gesund

Hölp!

Hilfe!

Alarm

Alarm

Överfall

Überfall

Angreep

Angriff

Gefohr

Gefahr

Nootutgang

Notausgang

Füer!

Feuer!

Füerlöscher

Feuerlöscher

Unfall

Unfall

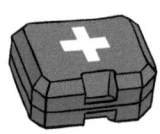

Noothölpkoffer

Erste-Hilfe-Koffer

SOS

SOS

Polizei

Polizei

Europa
Europa

Noordamerika
Nordamerika

Süüdamerika
Südamerika

Afrika
Afrika

Asien
Asien

Australien
Australien

Atlantik
Atlantik

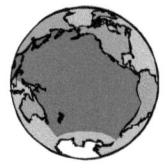

Pazifik
Pazifik

Indisch Weltmeer
Indischer Ozean

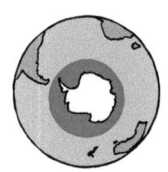

Antarktisch Weltmeer
Antarktischer Ozean

Arktisch Weltmeer
Arktischer Ozean

Noordpol
Nordpol

Süüdpol

Südpol

Antarktis

Antarktis

Eerd

Erde

Land

Land

See

Meer

Eiland

Insel

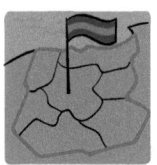

Natschoon

Nation

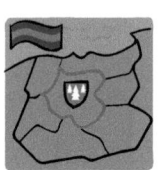

Staat

Staat

Tallenblatt

Zifferblatt

Stunnenwieser

Stundenzeiger

Minutenwieser

Minutenzeiger

Sekunnenwieser

Sekundenzeiger

Wo laat is dat?

Wie spät ist es?

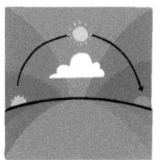

Dag

Tag

Tiet

Zeit

nu

jetzt

digetaalsch Klock

Digitaluhr

Minuut

Minute

Stunn

Stunde

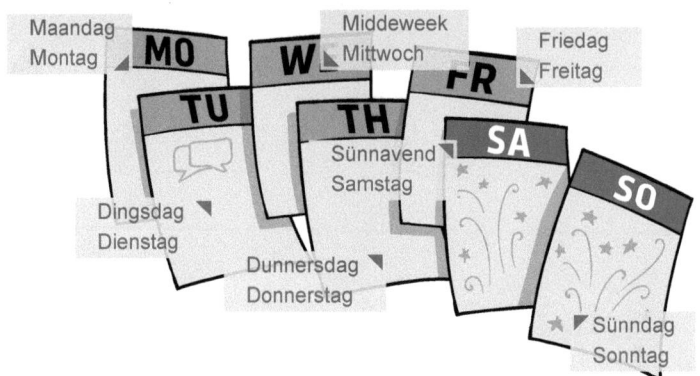

Maandag
Montag

Middeweek
Mittwoch

Friedag
Freitag

Dingsdag
Dienstag

Sünnavend
Samstag

Dunnersdag
Donnerstag

Sünndag
Sonntag

güstern

gestern

hüüt

heute

morgen

morgen

Morgen

Morgen

Meddag

Mittag

Avend

Abend

Arbeitsdaag

Arbeitstage

Wekenenn

Wochenende

Johr

Jahr

Regen
Regen
Regenbagen
Regenbogen
Snee
Schnee
Wind
Wind
Fröhjohr
Frühling
Harvst
Herbst
Sommer
Sommer
Winter
Winter

4.APRIL 11°
5.APRIL 4°
6.APRIL 13°
7.APRIL 8°
8.APRIL 10°

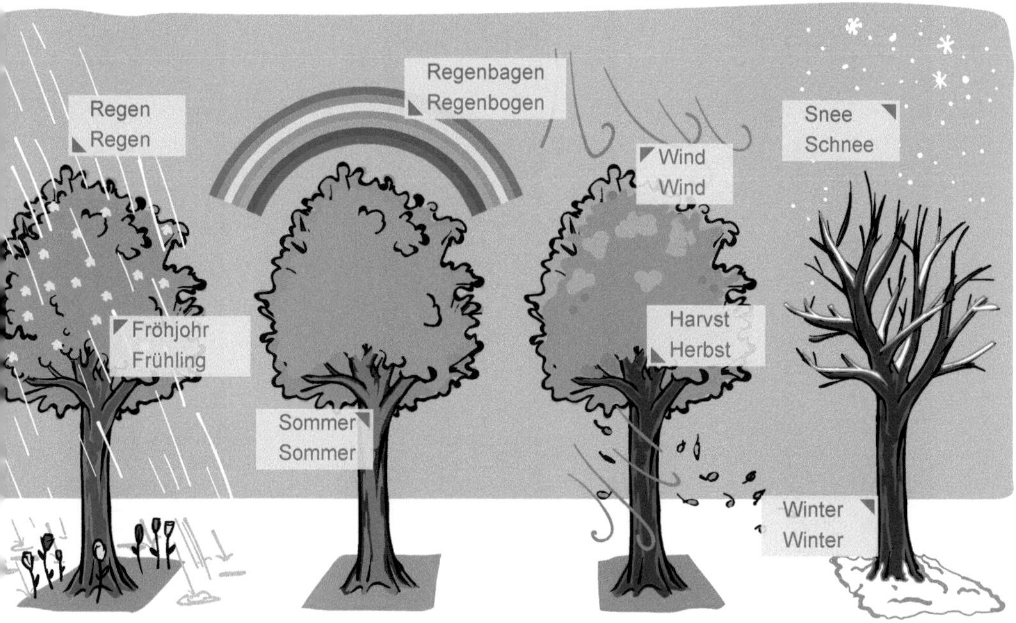

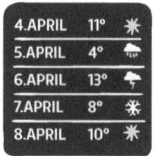

Wedervörhersaag

Wettervorhersage

F
C
120
90
60
30
0
-30
40
30
20
10
0
-10
-20

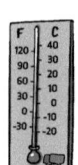

Thermometer

Thermometer

Sünnenschien

Sonnenschein

Wulk

Wolke

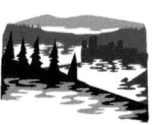

Nevel

Nebel

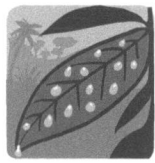

Luftfuchtigkeit

Luftfeuchtigkeit

Blitz

Blitz

Dunner

Donner

Storm

Sturm

Hagel

Hagel

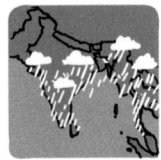

Monsun

Monsun

Floot

Flut

Ies

Eis

Januormaand

Januar

Februormaand

Februar

Martmaand

März

Aprilmaand

April

Maimaand

Mai

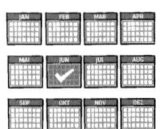

Junimaand

Juni

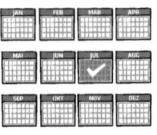

Julimaand

Juli

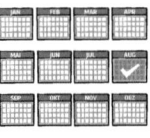

Augustmaand

August

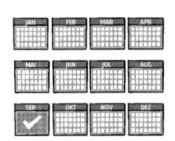

Septembermaand
....
September

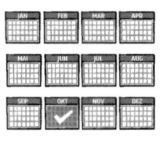

Oktobermaand
....
Oktober

Novembermaand
....
November

Dezembermaand
....
Dezember

Formen

Formen

Krink
....
Kreis

Quadrat
....
Quadrat

Rechteck
....
Rechteck

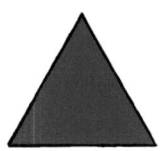

Dreeeck
....
Dreieck

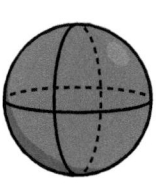

Kugel
....
Kugel

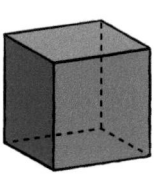

Wörpel
....
Würfel

witt

weiß

geel

gelb

orangsch

orange

pink

pink

root

rot

lila

lila

blau

blau

gröön

grün

bruun

braun

gries

grau

swart

schwarz

veel / wenig

viel / wenig

böös / verdreeglich

wütend / friedlich

smuck / mies

hübsch / hässlich

Begünn / Enn

Anfang / Ende

groot / lütt

groß / klein

hell / düüster

hell / dunkel

Broder / Süster

Bruder / Schwester

schier / schietig

sauber / schmutzig

kumpleet / nich kumpleet

vollständig / unvollständig

Dag / Nacht

Tag / Nacht

doot / lebennig

tot / lebendig

breet / small

breit / schmal

geneetbor / nich geneetbor

genießbar / ungenießbar

böös / fründlich

böse / freundlich

fickerig / langwielt

aufgeregt / gelangweilt

dick / dünn

dick / dünn

toeerst / toletzt

zuerst / zuletzt

Fründ / Fiend

Freund / Feind

vull / leddig

voll / leer

hart / week

hart / weich

swoor / licht

schwer / leicht

Smacht / Döst

Hunger / Durst

krank / gesund

krank / gesund

nich na't Recht / na't Recht

illegal / legal

klook / dummerhaftig

intelligent / dumm

linkerhand / rechterhand

links / rechts

neeg / feern

nah / fern

nieg / bruukt

neu / gebraucht

nix / wat

nichts / etwas

oolt / jung

alt / jung

an / ut

an / aus

apen / slaten

offen / geschlossen

lies / luut

leise / laut

riek / arm

reich / arm

richtig / verkehrt

richtig / falsch

ruug / glatt

rau / glatt

trurig / glücklich

traurig / glücklich

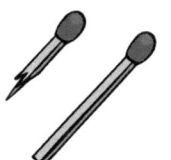

kort / lang

kurz / lang

suutje / flink

langsam / schnell

natt / dröög

nass / trocken

warm / köhl

warm / kühl

Krieg / Freden

Krieg / Frieden

0	**1**	**2**
null	een	twee
null	eins	zwei

3	**4**	**5**
dree	veer	fief
drei	vier	fünf

6	**7**	**8**
söss	söven	acht
sechs	sieben	acht

9	**10**	**11**
negen	teihn	ölven
neun	zehn	elf

12

twölf

zwölf

13

dörteihn

dreizehn

14

veerteihn

vierzehn

15

föffteihn

fünfzehn

16

sössteihn

sechzehn

17

söventeihn

siebzehn

18

achtteihn

achtzehn

19

negenteihn

neunzehn

20

twintig

zwanzig

100

hunnert

hundert

1.000

dusend

tausend

1.000.000

million

million

Engelsch

Englisch

Amerikaansch Engelsch

Amerikanisches Englisch

Chineesch Mandarin

Chinesisch Mandarin

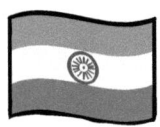

Hindi

Hindi

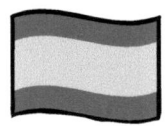

Spaansch

Spanisch

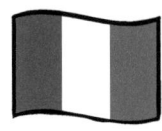

Franzöösch

Französisch

Araabsch

Arabisch

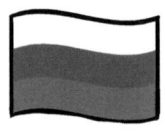

Rusch

Russisch

Portugiesch

Portugiesisch

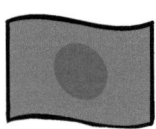

Bengaalsch

Bengalisch

Düütsch

Deutsch

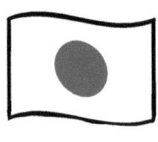

Japaansch

Japanisch

ik
....
ich

du
....
du

he / se / dat
....
er / sie / es

wi
....
wir

ji
....
ihr

se
....
sie

keen?
....
wer?

wat?
....
was?

woans?
....
wie?

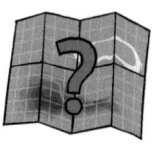

woneem?
....
wo?

wannehr?
....
wann?

Naam
....
Name

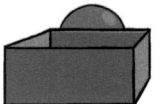

achter
....
hinter

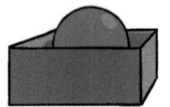

in
....
in

vör
....
vor

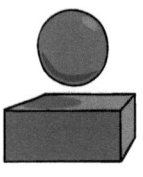

över
....
über

op
....
auf

ünner
....
unter

blangen
....
neben

twüschen
....
zwischen

Oort
....
Ort